LA ESPAÑA QUE SE HUNDE EN LA CIENAGA DE LOS POLITICOS

"Cuando se pierden los principios, la moral y la ètica, lo unico que queda es basura

Ph.D. Franc T. Ruiz

Prologo

Realmente el panorama político de los ciudadanos es desolador como para plantearnos los españoles dar por finalizado este régimen tan diverso y nada transparente en que han convertido a la administración publica en el cortijo particular de algunos deshonestos de corrupción política, con carta libre para asaltar al erario público de todas las formas posibles y no me refiero únicamente al PP, también el PSOE tiene mucha basura bajo la alfombra y ahora se incorpora, PODEMOS, que se proclamaba la honradez personificada.

Todo se rompe en España y la sociedad se limita a criticar en los bares, pero a la hora de la verdad, en el momento de tener que movilizarse de luchar por su futuro, miramos para otro lado.

Pese a las diferentes crisis, ya, conocidas en España, pese a la dramática situación como telón de fondo del COVID-19, surge una realidad muy diferente la de la clase política que, no ha dado el paso de reducir sus sueldos o renunciar a las dietas y subvenciones que reciben.

Mientras, los políticos se rasgan las vestiduras y lanzan día tras días frases como la solidaridad, la igualdad social, el estado de bienestar y otras frases seleccionadas, que quedan muy bien frente a la galería. Pero con crisis o sin crisis, los partidos políticos no han tomado todavía la decisión de bajarse el sueldo. Ni los millones de despidos, ni los Ertes, ni los 5 millones de parados, ni el aumento de pobreza ,ni la perdida de poder adquisitivo de más de la mitad de la población española parece haber sido suficiente motivo para ello.

Y después de todo este panorama, el Partido Popular de España, propone la creación de una **Agencia Nacional para la Recuperación Económica**. Usemos el sentido común, y eliminemos antes toda las fugas de dinero publico, eliminemos las Oficinas del Defensor del Pueblo, las subvenciones a ONG, a los Sindicatos, a todo tipo de Asociaciones, a las Televisiones regionales, eliminemos los Ministerios innecesarios, que han sido creados para engordar a unos cuantos "sinvergüenzas", Eliminemos a aportación a la ONU, eliminemos la aportación a otros países, arreglemos primero nuestra casa y si queda algo ayudaremos al vecino.

El problema de la pedida de credibilidad en los políticos, no solo se encuentra dentro de la clase trabajadora, que es la verdaderamente afectada por las crisis. También, encontramos, a periodistas, médicos, profesores y catedráticos de Derecho Constitucional, como es el caso de Josep Mª Castellà Andreu, que sobre los políticos ha dicho, buscando la raíz de los problemas: *"La crisis del coronavirus ha puesto de manifiesto algo que antes de ella se comentaba en muchos foros o en tertulias de amigos: los políticos son parte del problema más que de la solución a los problemas públicos que afronta nuestro país. Ahora hemos sido conscientes de las consecuencias de utilizar criterios de selección de ministros o de parlamentarios que tienen que ver más con lógicas de reparto interno de poder en los partidos que con su experiencia o trayectoria profesional y el conocimiento del sector que han de gestionar".*

"A los puestos altos de la política se puede llegar muy joven: la formación es interna en el partido (concejal, asesor, diputado autonómico y nacional...) y se cobran sueldos inimaginables para profesionales con bastantes años de duro trabajo. Esto genera un círculo vicioso: difícilmente podrán salir de él porque la lógica de selección y ascenso en el mundo profesional es completamente distinta del político y lo que se valora en un sitio no importa tanto en el otro".

No podemos tolerar la actitud y comportamiento de un gobierno que, aun viendo la critica situación en la que se encuentra España y la dificultad que se presenta para una reconstrucción el Gobierno coloca al frente de la reconstrucción a Patxi López, cuya experiencia se basa en que lleva en el PSOE desde los 16 años y que nunca ha trabajado en una empresa privada. Parece ser no va a consultar con los empresarios las medidas a tomar para la reconstrucción, lo que supone un grave error, ya que no puede haber reactivación sin contar con el empuje de empresarios, que son los que aportan riqueza y crean puestos de trabajo.

Otros países europeos, como Francia y Alemania, sí están protegiendo sus empresas y las están fortaleciendo financieramente para evitar que quiebren y evitar la desaparición del tejido empresarial. Las empresas españolas, necesitan incentivos para impulsar la recuperación, no, aprobar nuevas subvenciones, como la Renta Mínima, que será otro saco de fraude como el PER en Andalucia.

España necesita de la inversión privada, no de un vicepresidente del Gobierno, como Pablo Iglesias, que odia a los empresarios calificándolos de especuladores que ganan mucho dinero porque se lo quitan a los pobres ciudadanos.

Cuando, son los empresarios los que crean empleos, aportan riqueza al país, bajan el paro y reducen la desigualdad social. No los políticos que se compran un chalet nada mas que llegar al Gobierno.

De política, poco o nada queda por decir, todo se ha escrito y dicho. El tema es tan polémico, que no solo historiadores y escritores han tenido algo que decir y escribir, también humoristas, periodistas, médicos, abogados, artistas y como no, los mas perjudicados por ella, los ciudadanos. Y es que en esta vida todo es política. Solo podríamos decir que hay política mala y menos mala.

Quizás, poder recordar parte de esos escritos y textos, pueda ser el empujón que le hace falta al ciudadano, para formar parte del destino de su País.

Ph.D Fran T. Ruiz

ESPAÑA SE HUNDE
EN LA CIENAGA DE LOS POLITICOS

La disciplina encargada del estudio de las actividades políticas se denomina **ciencia política**, los profesionales en esta ciencia son denominados politólogos y las personas que ocupan cargos profesionales a cargo del Estado o aspiran a ellos se definen como políticos.

Mi abuela, en cambio me decía: Niño, la *"Política es igual a licencia para robar"* y los Políticos son *"Ladrones de guante blanco"*, mi podre abuela era analfabeta pero no tenia pelos en la lengua.

Particularmente pienso que la política, desde siempre, ha representado la lucha por el poder. La política española, se ha convertido en una profesión con orientación ideológica, organizándose en grupos, partidos políticos, compitiendo entre si para conseguir y ejercer el poder con la escusa de alcanzar ciertos objetivos o resolver el choque entre los intereses enfrentados que se producen dentro de una sociedad.

En mi opinión, como ciudadano, aquellos que ejercen la política hacen caso omiso a las diferentes definiciones y se convierten en adversarios, teniendo como única misión la derrota del contrincante, utilizando cualquier medio para conseguir sus fines: vejaciones, insultos, injurias etc, etc,. Como algunos dicen todo vale en la Política. Además, la política se ha convertido en una profesión muy lucrativa.

En teoría, la democracia es el sistema político que ha alcanzado mayor popularidad, ya que supuestamente esta basado en un estado elegido por mayoría en base a lo estipulado por una Constitución que previamente ha sido aprobada por el pueblo, que ejerce un poder parcial y con el objetivo de representar las **ideas del pueblo** dentro y fuera del territorio. Toda una teoría que en la práctica no se lleva a cabo, debido a que los intereses particulares de los políticos prevalecen antes de velar por los ciudadanos. Los políticos nos utilizan para sus propósitos y luego quieren hacernos creer que sirven al pueblo, mentiras sobre mentiras. Los políticos han olvidado que la democracia no es irreversible, no es un punto sin retorno y que los ciudadanos tienen mucho que decir y hacer.

Podría decirse, que los principios y bases de la democracia tienen gran similitud a los principios y fases de la Republica constitucional. La elección de uno u otro régimen depende solamente del desconocimiento y la incultura política de la ciudadanía. La frase demagógica de Abraham Lincoln *"el gobierno del pueblo, por el pueblo y para el pueblo"*, degenera hoy, en España. Los ciudadanos, moralmente enfermos y aplastados por la ignorancia política y la mentira, desconocen que *"la partidocracia otorga un régimen de libertades extremadamente frágil"*

Como diría Dwight D. Eisenhower, presidente de los EEUU *"La política debería ser la profesión a tiempo parcial de todo ciudadano"*.

El mayor de los engaños al que los políticos mantienen sometidos a los ciudadanos, lo podemos encontrar en su repetida grase "Nuestra Democracia".

Se mire por donde se mire el Régimen Democrático, a nivel de un país, es una utopía, pueden existir partidos democráticos, principios democráticos, pero en el siglo XXI nunca podrá existir un país democrático, tal y como se entiende la democracia. Este es el motivo por el cual en la actualidad muchos ciudadanos se cuestionan los principios mismos de la democracia, al ver que la *"voz del pueblo"* cuenta más bien poco, por no decir nada, debido a la existencia de poderes internos o externos que pasan muy por encima de lo que el ciudadano pueda pensar, sentir, o expresar mediante voto.

No obstante, los ciudadanos siguen defendiendo contra viento y marea a la democracia porque les han hecho creer, que no hay otra opción posible. Es por esta circunstancia que, pese a los malos resultados de uno y otro partido en el poder, suelen adoptar una postura resignada y pasiva.

Así pues, los ciudadanos vuelven una y otra vez más a las urnas para repetir el escenario surrealista, y además votan, no según sus ideales, principios y convicciones, sino por la manipulación y utilización de sistemas de ingeniería civil utilizados por los medios de comunicación, pagados por los políticos, con el dinero de los ciudadanos.

¿Seremos capaces de hacer un análisis crítico y sin prejuicios de esa democracia establecida como la cúspide de la libertad de los pueblos?

Durante décadas, nos han vendido a los ciudadanos, la utopía de la "democracia" y en la actualidad resulta muy difícil realizar un cambio en la mentalidad ciudadana, una reacción lógica después de que nos hayan convencido de que la democracia es el mejor sistema político posible. Es un hecho que, cuando alguien intenta aportar argumentos en contra de la llamada *democracia, es* calificado en un ámbito próximo al autoritarismo, a las dictaduras, al fascismo o a cosas aun peores.

Los ciudadanos, en su incultura e ignorancia política, viven en un mundo que por definición lo considera "democrático", el único camino a seguir, el que ha aportado libertad y prosperidad a los países, en base a unos sagrados principios de **"soberanía nacional" e "independencia de los tres poderes"** que fueron implantados durante las revoluciones francesa y americana de finales del siglo XVIII. Principios que no se contemplan en las democracias conocidas en la actualidad y lo cual tiene fácil explicación.

Para poder entender el engaño al que hemos y estamos sometidos, tendremos que conocer desde los orígenes de la democracia, su establecimiento sus mecanismos internos y maneras de funcionar, para acabar reconociendo que la democracia, entendida en su traducción literal de "poder o gobierno del pueblo", nunca ha existido ni existe hoy en día como tal. Es una farsa, una teatro, una parodia para hacer creer a los ciudadanos que son ellos los que deciden *libremente* los destinos colectivos del país.

Vayamos a los hechos históricos, que desmontan la existencia de una plena Democracia, en nuestros días.

Las formas democráticas más antiguas reconocidas, la encontramos en la Grecia clásica, que posteriormente, había facilitado la creación de pequeños territorios independientes con sus propios recursos e instituciones. Dando como resultado la creación de varias *"ciudades-estado"* que evolucionaron desde sistemas de gobierno autocráticos u oligárquicos a sistemas basados en la participación popular, compuestos por varios mecanismos de organización y reparto del poder, con asambleas populares, legislativas, judiciales, ejecutivas, etc.

Pero no toda Grecia era un ejemplo de democracia, Esparta era una monarquía o diarquía, autoritaria en la que una minoría selecta dominaba a una gran mayoría de la población. O los grandes estados imperiales como los que habían surgido en otras partes del mundo como:

Egipto, Sumeria, Babilonia, Persia, China, etc., en los que solía gobernar un monarca por derecho divino.

La famosa democracia de Atenas estaba restringida a una parte de la población con capacidad de voz y voto y además, en la práctica, las decisiones se determinaban por los líderes con más influencia y posición en cada momento. A diferencia de la democracia actual, que es indirecta, los antiguos griegos se reunían, discutían y votaban las cuestiones a debate de forma directa y a mano alzada. Por supuesto, esto era posible porque la democracia se restringía al ámbito de la ciudad, no a un gran territorio o estado.

La Roma antigua, fue heredera de esta tradición griega. Roma expulsó a sus reyes para crear un régimen popular llamado *república,* que literalmente significa **"la cosa pública"**. Este sistema preveía la elección anual de dos cónsules como máximos representantes del poder romano por sufragio directo del conjunto de ciudadanos de las tribus originales.

Además, existían otros cargos ejecutivos que también se elegían por votación, como los censores, los tribunos o los magistrados. Por otra parte, había una asamblea heredada de la época monárquica, el Senado, que estaba compuesto por las personas de mayor rango, experiencia y prestigio y que tenía como fin legislar y asesorar a los cónsules, e incluso podía ejercer de cierto contrapunto a su poder.

Sin embargo, en dicha época republicana, los cónsules ejercían un poder completo como si fueran auténticos reyes y los puestos del senado ya se habían convertido en cargos hereditarios. Aunque es cierto que con la República las masas populares, los plebeyos, adquirieron más cuota de poder y representación, acabaron por topar con el poder tradicional de los romanos de rancio abolengo, los patricios, que seguían ostentando los mayores privilegios y prerrogativas por su categoría social. Así, aun cuando en las votaciones populares los plebeyos podían aspirar a ganar, en la práctica había una democracia más bien pobre, y los mecanismos de poder seguían en manos de la aristocracia. Como podemos observar desde siempre han existido las clases sociales.

Observaremos, que también en aquella época existían las formas de canalizar los mecanismos electorales hacia el resultado deseado por las clases dirigentes. Lo que es muy de destacar es que el sistema republicano romano institucionalizó una dualidad de facciones u opciones políticas: el partido de los *plebeyos,* defensor del pueblo bajo y el partido de los *patricios,* defensor de la casta aristocrática. Por lo tanto, no había terceras ni cuartas alternativas, sino simple y puro bipartidismo, con una alternancia en los máximos poderes. Muy parecido a la actualidad.

Esto demuestra que la Democracia como tal se concibe, solo puede ser establecida en pequeñas comunidades donde es posible cumplir todos y cada uno de los principios democráticos. Hoy en el siglo XXI, con países con un gran crecimiento demográfico, resulta imposible llevarla a cabo. Independientemente a los intereses políticos de los diferentes partido, que violan a sabiendas los principios democráticos e incluso constitucionales.

La imposibilidad de la implantación de un régimen democrático, también se demuestra, con la desaparición de este modelo durante siglos en el mundo occidental y tanto el sistema esclavista como el feudal mantuvieron al pueblo bajo las riendas del poder político, económico, religioso hasta la Edad Moderna. Como siempre, existieron algunas instituciones representativas que funcionaban en paralelo al poder real, pero que respondían básicamente a los intereses de las clases más favorecidas.

Considero un absurdo entrar en las teorías antiguas de la política, por el simple hecho reconocido, de la propia evolución del ser humano. Toda la política debe adaptarse al momento. Y digo "política" y no políticas, porque no existen varias políticas, solo existe una política.

Aunque existen diversas vertientes de las teorías e ideologías de la política, podemos resumirlas en dos grupos:

Política de izquierda, como el socialismo y el comunismo, basadas principalmente en la igualdad social, también una mentira. No puede haber igualdad social cuando la diferencia entre los sueldos de los políticos y los sueldos de los trabajadores con abismales.

En la pagina del Ministerio de Empleo y economía social, puede leerse:

"El Gobierno fijará anualmente, previa consulta con las organizaciones sindicales y asociaciones empresariales más representativas, el "Salario Mínimo Interprofesional", tanto para los trabajadores fijos como para los eventuales o temporeros, así como para los empleados de hogar, teniendo en cuenta el Índice de Precios de Consumo, la productividad media nacional alcanzada, el incremento de la participación del trabajo en la renta nacional y la coyuntura económica general".

Sin embargo, con respecto a los políticos, tenemos que irnos a la constitución, hecha por los propios políticos.

Art. 71.4 Constitución Española:

"Los Diputados y Senadores percibirán una asignación que será fijada por las respectivas Cámaras"

Arts. 8.1 y 2 Reglamento del Congreso de los Diputados (RCD):

"1. Los Diputados percibirán una asignación económica que les permita cumplir eficaz y dignamente su función.

2. Tendrán igualmente derecho a las ayudas, franquicias e indemnizaciones por gastos que sean indispensables para el cumplimiento de su función."

Como podemos observar, no se menciona *"salario mínimo"* y se indica *"cumplir eficaz y dignamente su función". Por su omisión, "en el caso de los ciudadano, la dignidad no es necesaria".* En pocas palabras, en el caso de los políticos, son ellos mismos lo que deciden cuanto deben cobrar, sin consultar a nadie.

Políticas de derecha, como el liberalismo y el conservadurismo, que defienden el derecho a la propiedad privada y al libre mercado.

Desde hace siglos se intenta explicar el concepto de política y las formas en las que debe llevarse a cabo. En mi particular punto de vista, la política debería verse como la puesta en marcha de un objetivo común que exija el trabajo asociativo. Deberíamos dejar al margen la oligarquía de los partidos y tratar la política como el **conjunto de ideas** o acciones sociales relacionadas con las cuestiones públicas. La política ha de ser concebida como el arte de *la integración y no de la dominación*.

Sea como sea en el siglo XXI seguimos buscando un sistema político igualitario para todos los ciudadanos y borrar del diccionario las palabras corrupción política y poder político, por el momento algo inviable. Día tras día oímos hasta la saciedad, la fuerza del pueblo, el poder del pueblo etc, etc, frases que no son más que mentiras y eslóganes publicitarios.

La política actual podríamos definirla, como el conjunto de actividades desarrolladas por un partido político que permiten, ejercer el poder sobre otro, algo que no tiene nada que ver con una actividad cuya razón de ser es alcanzar: **El estado de bienestar o bien común**.

Desde hace muchos años, soy consciente, que mi libertar termina donde empieza la libertad de los demás, en otras palabras, mi libertar esta relacionada con la libertad de todos los demás.

Al comienzo de recabar datos sobre el contenido de estas páginas, algunos amigos a los cuales he consultado me dijeron que lo mejor es enterrar el pasado, mas aun, cuando no es bueno. Ciertamente, es mejor, enterrar el pasado, pero no debemos olvidarnos de el, para no tropezar nuevamente con la misma piedra. Para reconocer que nuestro voto es un derecho político, no cívico y que la abstención es la única forma pacifica no violenta para cambiar la constitución, para obligar a los partidos políticos a respetar los derechos de los ciudadanos.

Los ciudadanos votan, pero no eligen. Si creemos ser libres sin serlo jamás podremos serlo.

No confundamos el "hambre con las ganas de comer" y entendamos de una vez y para siempre, que *"no son partidos políticos"*, son *"partidos estatales financiados por el estado"*, no democráticos con raíces en la ciudadanía. Un ejemplo: Los diputados son empleados a sueldo de los partidos.

Para entender la situación actual española, no es necesario ser Licenciado en Ciencias Políticas, simplemente es suficiente con conocer el funcionamiento de la mayoría de los hogares familiares en España.

Hablemos de una familia media con 2 hijos de 14 y 11 años de edad respectivamente, una vivienda de 80 m2 con hipoteca o alquiler, un vehículo con 9 años de antigüedad y con la única fuente de ingresos que proviene del cabeza de familia, 1.595.- euros netos, que ya es un triunfo.

Desglosemos el ingreso familiar:

Alquiler o hipoteca:............ 750.- euros

Alimentación:.....................350.-

Limpieza y aseo.................. 25.-

Ropa y calzado:.....................50.-

Servicios gas y electricidad: 98.-

Seguro vehículo....................30,-

Gasolina...............................50.-

2 Teléfonos...........................60.-

Material escolar....................30.-

Otro:...................................150.-

Y hasta aquí podemos llegar, sin vacaciones y con muy pocas opciones de ocio. Ahora pensemos, que pasaría si la señora de la casa queda embarazada. Claramente causaría un problema económico en el hogar familiar. Y si alguno de los hijos esta en edad de hacer la primera Comunión o si necesariamente deben de cambiar el coche, esta claro, deberían recurrir a un préstamo bancario.

Ahora supongamos, algo que no es nada imposible, debido a la situación estresante, el cabeza de familia bebe mas de la cuenta lo que se resta al ingreso del hogar familiar. Desgraciadamente acabaría con la unidad familiar produciéndose el caos.

Es lógico que el caos es consecuencia de una inestabilidad económica, la cual ha superado a los progenitores, por causas de diferente índole.

Pues bien, ahora, traslademos todo esto al Estado Español:

- El hogar familiar representa el Estado, que solo cuenta con un cierto numero de ingresos.
- El grupo familiar representa el Gobierno. Partidos políticos e instituciones, que a mayor numero y altísimas retribuciones, esta claro que pondrá en dificultades al Estado.
- La Primera Comunión, representa los gastos innecesarios en instituciones que suplican sus actividades.
- El embarazo representa a los emigrantes. Que implican una salida ingente de dinero del que no

se dispone, a no ser que desnudemos a un santo para vestir a otro.

- Los servicios, alimentación, seguros, combustibles etc., representan los gastos propios de Sanidad, Educacion, etc., etc.
- La adicción del padre a la bebida, representa el elevado sueldo de los políticos.

En consecuencia, la falta de control del gobierno, sea cual sea su ideología, llevara al Estado a un desastre sin precedentes. Debe existir un control férreo de los políticos, no se puede consentir de ninguna de las formas, que sean los propios políticos los que decidan el sueldo y otras retribuciones que deben percibir, es una aberración, que se den prestaciones económicas a los emigrantes ilegales, mientras muchos españoles, están en pobreza extrema o que existan pensiones de 350 euros, considero que es un robo, un menosprecio a la condición de ser español. Si el propio gobierno de España no respeta a los españoles, que podemos pedir de los gobiernos de nuestro entorno.

Limpiemos primero nuestra casa y si tenemos tiempo suficiente ayudemos a limpiar la del vecino.

Son millones de ciudadanos los que hablan de política, ciudadanos que carecen de formación y cultura política y es por esta condición, por la que son muy pocos los que reconocen que la España de la transición, fue el pacto de los políticos a la aceptación de una monarquía impuesta por la dictadura, en otras palabras, una monarquía nombrada por Franco, bajo la ignorancia ciudadana, acompañada del engaño divulgado como "ruptura democrática" para llevar a los ciudadanos a unas *"elecciones generales precipitadas"* en beneficio de los intereses partidistas *"mas vale pájaro en mano que ciento volando.*

Esta claro un pacto entre los herederos del franquismo y los partidos ilegalizados y exiliados. La sociedad española esta acostumbrada a servir, careciendo de "cultura de la libertad". Como siempre, imperan los intereses políticos de gobierno, no de Estado, lo que acaba como el diseño español, en el cual, la única participación política que se espera de la ciudadanía es acudir a las urnas cuando se convocan elecciones. Puede decirse que España cambio a un régimen dictatorial disfrazado, a una seudodemogracia, no se realizo el cambio a una Democracia libre. Los políticos decidieron la **reforma** de la dictadura, no la **ruptura** con ella. Quizás, porque, como digo anteriormente **"la Democracia es un imposible"**, un engaña bobos y no es que los españoles estemos ciegos, es que no queremos abrir los ojos, a una realidad que nos lleva a una miseria similar a la de algunos países Sudamericanos.

En definitiva, el nuevo régimen en España, se crea por el miedo de los políticos de la dictadura a las represalias y a perder su posición y el egoísmo del partido Socialista y Comunista, para ocupar el poder. Justamente esto es lo que llevo a un pacto de consenso, aun sabiendo que donde hay consenso no hay libertar. Por el poder todos renunciaron a sus ideales. Desde el principio de la transición se percibió que la aceptación del régimen por los partidos políticos marcaria la corrupción gubernamental degenerada de la dictadura. La corrupción y la mentira se ha convertido en un método que prosperidad, triunfa y esta de moda. Nuestra realidad esta llena de errores, es una mentira y por ellos no debemos olvidar el pasado para no cometer los mismos errores.

De diferentes formas se ha silenciado el pasado de donde procede el actual sistema político de España. Un pasado que desconocen la gran mayoría de los ciudadanos y que recordarlo seria considerado por algunos como un acto de rebeldía contra un presente sin origen y la ley del silencio, tácitamente aplicada, sobre los antecedentes de las organizaciones y de los políticos que lo fraguaron. En muy pocas ocasiones, desde la transición, se ha aborda en público el tabú de la ruptura democrática, y se hace por una voz que disiente de las instituciones y de las ideas consensuadas.

Los ciudadanos manipulados por los medios de comunicación y bajo su ignorancia política, aceptan que España es un Estado de Derecho, nada mas absurdo, ya que todo los estados son de derecho, se dice que España es una Monarquía Parlamentaria, nada mas falso, porque el poder no esta en el Parlamento, sino en los Jefes de

Partido y si tenemos en cuenta que todos los partidos políticos pueden considerarse una oligarquía, estos no son democráticos, como he indicado anteriormente son partidos estatales financiados por el estado, en consecuencia no tendríamos que decir que España es un país democrático.

Y con nocturnidad y alevosía, para ocultar su miedo, egoísmo y ambición, se redacta en secreto una "Constitución" que es la que se venera en España.

Debemos saber, en cuanto al marco institucional y legal de la democracia, éste viene presidido por la existencia de una constitución, entendida como un acuerdo general, compartido por todos los ciudadanos, que define y asienta las bases del régimen democrático de un país, regulando su funcionamiento político, económico y social. Además, ejerce el inestimable papel de "ley de leyes", con lo cual todo el aparato legal se debe ajustar a los principios y normas constitucionales. Lo que ocurre luego es que, aunque los ciudadanos sean llamados a refrendar la constitución con su voto, los que la discuten, elaboran y redactan son los partidos políticos y los "hombres de estado". Quede patente que las constituciones sirven para entronizar el poder del estado, con sus múltiples resortes, como supuesto mecanismo al servicio del pueblo. Por lo demás, todo lo que queda fuera de ella es ilegal.

En la práctica, las constituciones, independientemente de sus formalismos y grandes proclamas, no sirven al ciudadano, sino que lo encajan en un aparato construido por el poder, sin que éste pueda usarlo para cambiar la realidad que lo envuelve, al comprobar que cualquier constitución funciona como una declaración de buenas intenciones que no tiene por qué cumplirse en la realidad y que incluso puede ser interpretada a gusto del exégeta de turno. De hecho, son los partidos y las instituciones los que apelan a la constitución o acuden al tribunal constitucional para dirimir sus disputas.

Al ciudadano le queda muy lejos su alcance constitucional, y así, aun cuando el texto constitucional diga que, *todo ciudadano tiene derecho a una vivienda digna*", no le servirá de nada ante la implacable realidad socio-económica del sistema, en la que se mueven cómodamente las hipotecas, los abusos bancarios, las especulaciones, las corruptelas o las burbujas inmobiliarias.

Es lógico y no cabe esperar que el estado se meta en un negocio que no es el suyo. El estado básicamente recauda dinero, impone normas y procura que la población esté bien controlada. Que haya amplias regulaciones y directrices sobre cómo moverse y actuar en una cárcel no significa que el edificio donde estamos deje de ser una cárcel.

Lamentablemente, vemos que las leyes democráticas no son el fondo tan distintas de las de los estados totalitarios, pues responden a la conveniencia de los poderosos, a los cuales protegen y exculpan. Así, no es difícil apreciar que la ley, en la práctica, como veremos mas adelante, no es igual para todos, aunque de vez en cuando algún conocido personaje sea enviado a prisión para demostrar que el sistema funciona. Pero para gran parte de la población, la ley es papel mojado, injusta, interpretable o arbitraria, terriblemente lenta e ineficaz.

Un veterano abogado dijo: *"en un mundo de poderosos y débiles, aun conviviendo en un régimen democrático, no hay verdadera justicia ni puede haberla, por muchas leyes que haya"*.

La cruda realidad es que, la Ley y las medidas políticas, económicas, financieras, sociales, etc. son dictadas por el gobierno, que debe tener el respaldo del parlamento, que a su vez está basado en los partidos, pero **¿quién esta detrás de los partidos o los grupos de poder?**

Deberíamos saber que una constitución no existe sin la separación de poderes. Esta separación de poderes es un *principio constitucional que establece que las funciones legislativa, judicial y ejecutiva del Estado deben estar separadas*, como poderes independientes. En mi humilde opinión, la constitución española se mantiene porque nunca ha sido cumplida.

Las características básicas que debe tener una democracia es la *separación de poderes* y el Estado español carece de esta característica. Un país democrático es aquel en el que se cumple los derechos humanos y

Democracia, es la libertad para controlar el poder por medio de los ciudadanos.

Esto no se da en España, los políticos españoles representan la política de las apariencias, todos los medios de comunicación se aúnan para fabricar un juego de apariencia. Esta política de la apariencia impide a los ciudadanos ver la carencia de la autentica Democracia, sintiéndose identificado, pero no representado.

Todos se ocupan del análisis de lo que aparentemente existe, no de lo que realmente existe. Para ello lo importante es que el pueblo crea que existe democracia y libertad.

Carecemos de Democracia, solo tenemos derechos otorgados por el estado, facultades concedidas por el poder se presenta como libertad, estas pequeñas libertades concedidas llevan a renunciar de la verdadera libertad colectiva.

La libertad política no tiene que ser utilizada para promover la igualdad social porque la historia ha demostrado los enormes daños sufridos por los pueblos que han intentado realizar esta utopía.

La verdadera igualdad social se consigue mediante: redistribución del poder, redistribución del conocimiento y redistribución de ingresos. El último planteamiento se basa en los llamados 'Estados de Bienestar'.

Llegados a este punto, sería conveniente hacer un análisis de en qué consiste la democracia como sistema político, sobre todo haciendo hincapié en los mecanismos de votación, participación y representación, junto con el marco legal que conforma el régimen democrático, esto es, la constitución aprobada por el propio pueblo. De esta manera, no será difícil apreciar que, en realidad, bajo una gran palabrería, el ciudadano normal de cualquier país no pinta absolutamente nada por mucho que lo convoquen a votar y los políticos apelen a frases como *"las urnas han hablado"*, *"el pueblo soberano se ha expresado"* o *"vamos a ejecutar el mandato popular"*, etc.

Se supone que el pueblo, en general, puede decidir cómo se va a organizar, cómo se va a gobernar, cómo se van a gestionar los recursos, qué objetivos se van a marcar a corto, medio y largo plazo, etc. Lógicamente, esto nos recuerda a la gestión de una gran empresa, porque el estado en cierto modo es una empresa, además de ser una institución, y aunque no debe "dar beneficios" sí debe responder a la gestión del bien común.

Por supuesto, en una empresa no se da la capacidad de decisión a quien no está capacitado para ello, por muy buenas intenciones que tenga. Del mismo modo, los estados son estructuras complejísimas que conviven con otras estructuras semejantes, más otros poderes externos de todo tipo que influyen en la vida de las personas.

Por todo ello, que la totalidad de la ciudadanía opine y tenga, teóricamente, la decisión sobre los elementos que hemos citado es absurdo. Ya no estamos hablando de personas con baja capacidad, pocos estudios o falta de criterio; es que la práctica totalidad de la sociedad, incluidas personas inteligentes, brillantes y con estudios superiores, no sabe de verdad cómo funciona la maquinaria estatal o supraestatal.

Los ciudadanos debemos hacer frente a una lucha contra los políticos corruptos y faltos de moral, no contra nuestra nación. Estamos en una España ciega y salvarla tiene su precio. Los partidos políticos se han convertido en órganos del Estado, son instrumento de un poder único que hace lo posible para devolver la ilusión a los ciudadanos, para que sigan votando como si existiera la democracia. En España, *todo el que vota apoya todo aquello que lo somete y lo maltrata*. Puesto que solo podemos votar a partidos es imposible que podamos elegir a nuestros gobernantes.

El poder generalizado de los partidos ha mermado el Estado de Derecho y limitado el ejercicio real de la democracia evitando así, que los ciudadanos decidan sobre la marcha de la sociedad. En claras y pocas palabras en este Estado de partidos la sociedad queda sometida al poder político. Las oligarquías prosperan en todos los ámbitos sociales cuando la libertad no se regula, y el ámbito de los partidos políticos no constituye ninguna excepción al respecto.

Por eso el régimen de partidos es una oligarquía dentro del estado, donde los jefes de los partidos se reparten el poder por un sistema de cuotas.

Nuestra constitución prohíbe el mandato imperativo, pero ni una sola ley ha sido aprobada sin el mandato imperativo del partido dominante, lo que supone que estas leyes aprobadas son nulas de pleno derecho, al haber sido aprobadas bajo la orden del Jefe del partido.

Esta política de pura apariencia, ha convertido a los partidos políticos en elementos necesarios para la movilización política de la sociedad y en la de ofrecer soluciones a los órganos gobernantes respecto de las demandas ciudadanas. Todo una burda, una mentira, ya que el sometimiento de dichas soluciones y demandas a los objetivos, intereses y disciplina de los partidos transforma la finalidad para los que fueron creados: *"representar e integrar los intereses de los ciudadanos en la voluntad nacional"*, convirtiéndolos en organizaciones cerradas, elitistas y oligárquicas, en pugna por las cuotas de poder, que permiten dar respuesta no a las demandas ciudadanas sino a las de los propios partidos.

Y es aquí, observamos la sustitución de la democracia representativa por la representación de los intereses del partido.

Creo que el mayor desarrollo organizativo de los partidos políticos, los ha convertido en grupos de presión, buscando sus propios intereses y objetivos particulares, utilizando la política como instrumento para la consecución de los mismos.

Vuelvo a insistir, en España aparentemente hay democracia, pero realmente es un estado de partidos, parece que existe la libertad política, cuando en realidad, solo existen unos derechos otorgados, parece que existe la política, pero lo que verdaderamente existe en el reparto del dinero de los contribuyentes, "los ciudadanos".

Parece que los ciudadanos elegimos, parece que hay elecciones, lo que genera un engaño perpetuo. Los ciudadanos votan unas ideas no las personas, cuando en realidad lo importante son las personas que pueden ser responsables, las ideas no.

No olvidemos que, la actual Política Española, nace cuando muere la dictadura, es entonces cuando los padres de la recién nacida "Política", y toda la mal llamada clase política desde el PSOE, PCE, AP, etc, etc, se dedican a construir su particular proyecto de "Nuevo Estado" que anteriormente solo estaba en sus mentes. Los nuevos políticos españoles comienzan su encarnizada lucha particular por alcanzar el poder.

Al igual que un cuerpo repleto de residuos metabólicos tóxicos, es un organismo enfermo, España es un país enfermo repleto de los residuos de la dictadura y políticos tóxicos de gobierno.

Los españoles debemos trabajar para conseguir una  España libre, que garantice una vida digna e igualdad de oportunidades para todos, no solo limitarnos a sacar una bandera y esperar las

limosnas de los "políticos de Gobierno"

Una de las preguntas que carece de respuesta, como si fuera "Secretos de Estado" y que muchos ciudadanos se formulan es **¿Cuántos políticos viven de los presupuestos del Estado?** Considero que esta pregunta es la más relevante, ya que los presupuesto del estado son las aportaciones del trabajo y sacrificio de los ciudadanos. El pago de impuestos en una obligación ciudadana, pero también es una obligación el saber que se hace con ellos.

Ya en mayo del 2013, el diario El Pais publicaba un articulo el cual decía textualmente *"Unas 300.000 personas sería una estimación prudente del tamaño de un colectivo que ha acabado replicando las características del caciquismo español tradicional."*

Según algunas informaciones, en febrero de 2019, añadiendo cargos de confianza, personal de libre designación, funcionarios asignados y demás puestos de representación remunerados, el número de cargos electos en España es impactante elevándose oficialmente hasta los 445.000, aunque la cifra ha sido contestada varias veces por distintos expertos.

Realmente es casi un secreto de Estado el conocer la cantidad de personas que viven del dinero de los ciudadanos. Son muchos los medios de comunicación los que han dado información al respecto, pero ninguna en fiable.

Los cargos de confianza en la Administración y los cargos del libre designación colocados en empresas públicas dependientes del Estado se calculan por cientos de miles

Lo mas improductivo, que origina gasto público y fomenta un fraude administrativo, lo encontramos en la administración paralela, controlada por los partidos, estos representan unos 66.000 liberados sindicales y 32.000 representantes de las distintas patronales. Un derroche de dinero que perciben por tareas improductivas y prescindibles.

Y no es entrar en el pesimismo o sentirnos agobiados por este futuro incierto que presentan las estadísticas para España, ni con los estudios sobre la pobreza en España.

El hecho de la pobreza, que ya llevamos años notando, va creciendo a pasos agigantados.

Los salarios y pensiones de los españoles son más de la mitad más bajos que en los países pasando los Pirineos. Muchos de los hogares españoles, al llegar el 15 de cada mes, tienen que acudir a algún establecimiento de la beneficencia. Esta es la realidad de esta Nueva España.

Esta es la situación a la que todos los españoles nos tenemos que enfrentar gracias a los políticos, sean del partido que sean, políticos que mienten como bellacos para mantener sus privilegiados puestos.

El interés político, no está centrado en solucionar los problemas de los ciudadanos. Sí lo está en solucionar los suyos propios. Los ciudadanos sólo somos el instrumento al servicio de todos los anteriores. Y si tienen que quitarnos derechos y libertades, nos lo quitan, sin mas.

¿Cuáles son los planes industriales para nuestro presente y futuro? No existe ningún plan. Sólo recortes y recortes que llegan a las clases mas desfavorecidas.

Vemos día a día como se caen las infraestructuras de nuestras ciudades, de nuestros pueblos. Los españoles representamos para ellos un rebaño inútil y les importamos una mierda.

Hemos visto y volveremos a ver a los ancianos y a los jóvenes buscando en los contenedores de la basura.

España está siendo conducida al precipicio, la España saqueada por los de siempre, se hunde y la miseria ya nos alcanza con este gobierno que sólo piensa en salvar a sus amigos y socios sin compromisos sociales. **¿Cómo pedir responsabilidad a los que han saqueado a los ayuntamientos, a las comunidades autónomas con despilfarros descarados?**

Están convirtiendo a España en un país de pobres, donde las voluntades y aspiraciones de los ciudadanos sean más fáciles de manipular. Porque la pobreza y miseria no es tan sólo económica, si no que tambièn lo es moral y ética. Y un pueblo sin moral ni ética, sin cohesión social y sin dinero en el bolsillo es el mejor caldo de cultivo para su anulación.

No quieren hacer de España un País con ciudadanos libres y dignos, les interesa mas un País de ignorantes y pordioseros que se contenten con un mendrugo de pan para pasar el día.

En 2011 las organizaciones sindicales de nuestro país recibieron 18.386.346 euros en subvenciones directas del entonces Ministerio de Trabajo y Asuntos Sociales. **79 sindicatos que se beneficiaron de 15.798.500 euros "en proporción a su representatividad** por la realización de actividades de carácter sindical".

Son varias fuentes de financiación de los sindicatos, por ejemplo, en 2010 el Servicio Público de Empleo Estatal repartió *175 millones de euros* a las principales organizaciones sindicales y patronales: 79,5 millones a UGT, 74,9 a Comisiones Obreras y 21,4 millones a la CEOE y a Cepyme. Sin contar con las subvenciones directas de las administraciones autonómicas y locales

A estas cifras hay que sumar las cantidades que el Estado concede a sindicatos y organizaciones empresariales por su participación en los órganos consultivos del Ministerio de Trabajo e Inmigración, de sus organismos autónomos y de las entidades gestoras de la Seguridad Social. El Gobierno de Mariano Rajoy recorto estas partidas en sus presupuestos para 2012.

Podría decirse estamos ante una copia fiel de la llamada transición en España, el modelo sindical es la herencia directa del sindicato vertical bajo el franquismo, no solo es tremendamente pernicioso, sino que **se ha transformado en un instrumento de corrupción y fraude** en provecho de unos pocos y como siempre, a costa, del dinero de todos los contribuyentes.

En lo que respecta a **corrupción y fraude,** el número de escándalos que acumulan los dos grandes sindicatos nada tiene que envidiar al de los partidos políticos. Mención especial merece el caso de los ERE en Andalucía, tanto por la cuantía aflorada como por el largo listado de imputados en el proceso judicial, pero, por desgracia, no es el único. El caso Gürtel del PP y últimamente, los escàndalos de corrupciòn, entre otros, el de Unidas Podemos. **Mismos perros con diferente collar**

El millonario fraude cometido por UGT con las subvenciones recibidas de la Junta andaluza entre 2009 y 2013, cuya cantidad supera de largo los 40 millones de euros, según la investigación, debería hacer reflexionar de una vez tanto a la sociedad como a la clase política.

Tal nivel de corrupción demuestra una estrategia urdida a nivel organizativo para financiarse de forma irregular, saltándose así todos los controles previstos por la ley con el fin de evitar posibles enriquecimientos ilícitos, por lo que merece la calificación de mafia. No obstante, pese a la gravedad de los hechos, los medios de comunicación y los responsables políticos se mantuvieron en silencio. Tales comportamientos, manifiestan la complicidad de los partidos vinculados a UGT y CCOO.

Al igual que los partidos políticos no representan a los ciudadanos, los sindicatos españoles, no representa a los trabajadores, puesto que su financiación depende, mayoritariamente, de las arcas públicas, de modo que **responde a directrices partidistas**.

Este tipo de entidades resultarían útiles y constructivas cuando trabajen para representar los intereses de sus afiliados y dependan de las cuotas que estos con el único fin de cubrir sus gastos y funcionamiento. Su dependencia del dinero público, como se ha podido comprobar, genera todo tipo de irregularidades incluyendo la corrupción. De hecho, si no dependieran del dinero publico, no existirían los sindicatos.

Sigamos, luego encontramos la interminable lista de Instituciones que en muchas ocasiones duplican funciones, Observatorios, Fundaciones, Organismos, Cámaras de comercio, Parques tecnológicos, Mancomunidades, Oficinas diplomáticas, Consejos asesores, Tribunales, Despachos de Defensores del pueblo, Embajadas, Agregadurías culturales y comerciales, Entidades de ayuda a la formación, Planes de Desarrollo, Consejos reguladores, Consorcios, Comisiones y Comisionados, Gestoras, Agencias nacionales e internacionales, Patronatos, Asociaciones. No podemos olvidar lasa entidades financieras y medios de comunicación. Esta relación, que no es exhaustiva, garantiza generosos sueldos y dietas a otros cargos.

Un verdadero descontrol que representa el mejor caldo de cultivo para la "corrupción política impune". Nos encontramos ante un gran numero de peones útiles manejados por los partidos políticos que constituyen el verdadero pilar de una Administración paralela dedicada en cuerpo y alma a la expoliación.

Y cuando digo "corrupción política impune", recuerdo otra de las mentiras de la tan invocada igualdad: el **artículo 14 de la Constitución española dice: *"Los españoles son iguales ante la ley**, sin que pueda prevalecer discriminación alguna por razón de nacimiento, raza, sexo, religión, opinión o cualquier otra* *condición o circunstancia personal o social"*. Así de claro, puesto en el Título I, de los derechos y deberes fundamentales.

Así de claro y así de falso, nos olvidamos que los políticos tienen el privilegio del aforamiento, luego no todos los españoles somos igual ante la ley.

Los Partidos Políticos, han permitido y permiten esta figura jurídica, para apoyar al corrupto y obstaculizar la labor de los Jueces.

Un aforado es una persona que, por ejercer un cargo público o por su profesión, goza del derecho, en caso de ser imputado por un delito, de ser juzgado por un tribunal distinto al que correspondería a un ciudadano normal.

El aforamiento supone un privilegio a la hora de enfrentarse a la justicia, ya que los aforados son juzgados no en tribunales ordinarios, sino en altos tribunales: en el Supremo, en el caso de un cargo nacional; y en los

Tribunales Superiores de Justicia autonómicos, en el caso de responsabilidad regional.

La razón aducida normalmente es evitar las presiones políticas a las que puede verse sometido un tribunal ordinario cuando juzga a un cargo público de responsabilidad. Se entiende que un tribunal superior es más independiente ante estas presiones.

Una observación, ni en Alemania ni en Reino Unido ni en Estados Unidos hay aforados. Mientras, en Portugal e Italia no existe más aforado que el Presidente de la República; en Francia, sólo son aforados el presidente de la República, el primer ministro y sus ministros.

Hago esta observación, ya que no solo nos miente el articulo el articulo 14 de nuestra Constitución, también nos miente el Artículo 7 de la Declaración Universal de Derechos Humanos: que dice: *"Todos los seres humanos son iguales ante la ley y tienen, sin distinción, derecho a igual protección de la ley. Todos tienen derecho a igual protección contra toda discriminación que infrinja esta*

Declaración y contra toda provocación a tal discriminación".

Este artículo 7 insiste en la garantía a una igual protección contra toda discriminación que contravenga a esta Declaración Universal de los Derechos Humanos.

Son muchas las preguntas y reflexiones que podemos hacernos sobre esta propuesta, sobre este "mandato", relacionadas con los medios, modos, maneras en que se concreta esa mencionada protección.

El mandato es claro, no ofrece dudas. La salvaguarda del mismo es lo que genera dudas e, incluso, frustración, si no desconfianza en su aplicación, respeto y cumplimiento ya que, aunque sea una declaración genérica, no por ello debe ser ignorada.

Desgraciadamente, dejamos que los políticos, guarden siempre un "As en la manga".

Y no solo nos encontramos con estas graves diferencias de desigualdad y discriminación entre ciudadanos, también en el ámbito fiscal encontramos diferencias sustanciales.

Los diputados o senadores, pagan sus impuestos, con un jugoso beneficio fiscal, que permite que el 40% de su remuneración esté exenta de tributar. Dicho de otro modo: "Ante Hacienda tampoco todos somos iguales".

Los diputados y los senadores cobran un salario fijo y unas dietas, además de un complemento extraordinario mensual si el representante político desempeña otra labor en la cámara.

Según la ley de IRPF, los representantes políticos en ambas Cámaras no tributarán por las dietas que perciben cada mes para gastos de manutención y alojamiento, y cómo estás suponen el 40% de su remuneración, puede afirmarse que **casi la mitad del sueldo de los políticos está libre de impuestos**.

¿Esta exención fiscal la disfrutan el resto de trabajadores? . Rotundamente NO

Las dietas de estancia que recibe el empleado de una compañía privada por desplazamiento, el Reglamento de la Ley del IRPF establece que los gastos de alojamiento no tributarán.

En cambio, a los gastos de manutención, la ley fija un importe diario. Y es aquí donde encontramos con el primer privilegio de los políticos porque no tienen un límite de exención fiscal en las dietas de manutención.

El segundo privilegio es que senadores y diputados no tienen que presentar facturas para recibir esas dietas. En cambio, un trabajador debe justificar todos los gastos.

¿por qué las dietas de los trabajadores están limitadas mientras que los políticos disfrutan de barra libre?

Como consecuencia, un diputado elegido por una circunscripción fuera de Madrid recibirá al mes los gastos de alojamiento y manutención, independientemente de que tenga una casa en la capital.

El tercer privilegio lo disfrutan aquellos senadores o diputados elegidos por Madrid. No tributan a Hacienda por su dieta mensual, mientras que un empleado tendría sujeta esa cantidad a IRPF.

El cuarto beneficio se halla en el tiempo. Por ejemplo, si una empresa manda a un empleado a trabajar a otra ciudad diferente a la de su residencia por un periodo de más de nueve meses y de forma continuada, las dietas de alojamiento y manutención que el trabajador perciba tendrán que tributar.

En el caso de los diputados o senadores no se aplica esta regla, aunque muchos de ellos trabajan y viven en Madrid como representantes políticos en cada cámara durante cuatro años, la duración de una legislatura.

Pero no es nada nuevo, los españoles llevamos mas de un siglo aguantando la guerra de clases, la desigualdad y que nos metan la mano en los bolsillos. Hace un siglo, el cinismo del conde de Romanones le llevó al extremo de reírse de los parlamentarios abiertamente y sin disimulo: *"Hagan ustedes las leyes, que yo haré los reglamentos"*.

Es un hecho que la política de partidos es un fracaso, los diferentes partidos se han convertido en instituciones en defensa de intereses particulares y detrimento del interés general lo que supone la incapacidad de articular una salida creíble a la crisis económica, institucional y moral en la que esta inmersa la sociedad española.

A las retribuciones que perciben los políticos por tareas improductivas y prescindibles, en muchas ocasiones hay que sumar las comisiones ilegales y el coste de amañar y manipular sistemáticamente los concursos de las administraciones.

No es desconocido que la economía española, es dependiente de los Presupuestos Generales del Estado y de las subvenciones y ayudas encubiertas, el peso institucional de la corrupción y el volumen de gasto político son directamente proporcionales al número de políticos profesionales.

La estructura del Gasto Político es similar a la de cualquier modelo piramidal. En la cúspide de la misma, un desaprensivo sin escrúpulos puede derrochar sin límite.

Tenemos 17 Comunidades. Lo que significa una cantidad ingente de diputados autonómicos. Añadamos los gobiernos regionales, las consejerías, con su Consejera, su vice-consejera, sus secretarias Generales y Direcciones Generales. El resultado de estos cargos políticos lo multiplicaremos por 17 comunidades. A todos estos cargos políticos tendríamos que sumarle sus correspondientes asesores y algún que otro enchufado miembro de la casta.

Ningún país en el mundo puede costear 1 Estado con 17 gobiernos que lógicamente duplican funciones.

A nivel estatal encontramos: Diputados y Senadores, con sus correspondientes asesores. Nos queda el gobierno. Ministerios con sus correspondientes Ministros, Secretarios de Estado y Directores Generales con sus asesores ya establecidos. Como se puede comprobar, cada Gobierno, nombra los ministerios y Direcciones generales que le da la gana. Por último, el Presidente del Gobierno, con un gran numero de altos cargos a su disposición todos asesores.

Cuando hablamos de esta "casta" que espolia las arcas del estado con sueldo extremadamente alto, sería más correcto hablar de un paquete retributivo compuesto por una remuneración fija, otra variable y un conjunto de prestaciones o beneficios sociales como planes de pensiones, coche, ayudas para vivienda o seguros médicos o lo que es igual a decir, "nunca sabremos lo que nos cuentan a los ciudadanos la casta política".

Sin embargo, no existe el debate público acerca de los sueldos de los políticos y de los altos cargos de las administraciones públicas. Las altas retribuciones de los políticos y los innumerables privilegios de que disfrutan, que no tienen nada en común con la ciudadanía, es el factor que hay que valorar.

En la actualidad, España cuenta con el Gobierno mas extenso y mas caro de la historia de la mal llamada democracia:

"Un presidente, cuatro vicepresidencias, 18 ministerios, 29 secretarías de Estado, 48 subsecretarías o cargos con dicho rango, 130 direcciones generales o asimilados, 21 secretarías generales técnicas, más de 200 asesores... La mayor crisis sanitaria y social del último siglo la gestiona el gobierno con más altos cargos en su estructura y más caro de la historia de España, quebrándose así la tendencia de contención del gasto público que la recesión económica había impuesto a la fuerza".

Y a este expolio sin limites, tenemos que sumarle las astronómicas retribuciones de los políticos cuando cesan de sus cargos y para ello hay que comenzar por las Elecciones Generales.

El anuncio de elecciones al Congreso de los Diputados y al Senado, lo que se conoce como elecciones «generales», que es este el único momento en el cual los ciudadanos parecemos ser importantes, creo que no ha sido analizado por los ciudadanos y por ello, muchos desconocen que este acto político, no es mas que un gasto excesivo, a cuenta de nuestros impuestos, no solo por el gasto que se presentan las elecciones, también por las indemnizaciones a las que tienen derecho los políticos no elegidos y el derecho al cobro de un sueldo vitalicio al Presidente.

Sobre todo, en épocas de crisis económica y política, los ciudadanos nos limitamos a manifestar nuestra crítica hacía los miembros del Gobierno de turno, sean de la ideología que sean, en referencia al dinero que cobran y, especialmente, el de las percepciones que les corresponden una vez abandonado el cargo, el que más objeto de crítica constituye.

El sueldo que cobran, según los Presupuestos Generales del año 2017, al Presidente del Gobierno le corresponde un salario base de 79.756 €. La Ley 6/2018, de 3 de julio, de Presupuestos Generales del Estado para el año 2018, lo incrementó hasta los 80.953 €, mientras que el de los Ministros se sitúa en 71.424 €. Está claro que son cifras más que considerables, con una gran exposición a la crítica pública.

El hecho de haber tenido la oportunidad de haber formado parte del Gobierno de la Nación, **¿supone un sueldo para toda la vida?** Hubo un tiempo en el que, en efecto, esto sí era así. No obstante, en la actualidad la situación es distinta, al menos en lo que respecta a los cargos de Ministro.

Según informaciones, un **ex presidente en España** tiene un **sueldo vitalicio** que actualmente está fijado en la cantidad de **75.000 euros** para toda la vida. Comparado por lo que cobra un jubilado tras 45 años de trabajo, a muchos ciudadanos nos parece un sueldo descomunal, a esto hay que sumarle otros ingresos entre los cuales se encuentra el salario por ser **miembros del Consejo de Estado**, el cual ronda los **100.000 euros** y también con carácter vitalicio.

El resto de ministros, una vez abandonen el Gobierno también cobran un salario vitalicio durante dos años, al igual que el ex presidente.

En el año 2011 fue suprimido el privilegio concedido por el Congreso de los Diputados de una pensión vitalicia a sus ex parlamentarios. Ahora bien, aquellos ex diputados a los cuales ya se les había concedido, se les ha tenido que mantener y, en la actualidad, siguen disfrutando de esta pensión de por vida en contraprestación por haber pertenecido al Parlamento.

Esta **pensión vitalicia, teóricamente, tiene una cuantía máxima de 2.580 euros** y se le otorga actualmente a 33 ex parlamentarios.

Demos una breve mirada a la evolución del ordenamiento en esta materia, un ordenamiento al estilo Juan Palomo "yo me lo guiso y yo me lo como", pues son los políticos los que lo hacen y aprueban.

Con el Decreto 1120/1966, de 21 de abril, por el que se aprobó el Texto Refundido de la Ley de Derechos Pasivos de los Funcionarios de la Administración Civil del Estado, se estableció un sueldo, del 80% del que tuviera asignado, para toda la vida en favor de quienes hubieran cesado en el cargo de Ministro y por el mero hecho de haberlo jurado.

Decía el art. 41 del Texto Refundido de 1966:

"*1.- **Los Ministros del Gobierno de la nación tendrán derecho a un haber pasivo vitalicio igual al ochenta por ciento del sueldo anual y pagas extraordinarias asignado** o que se asigne al cargo de Ministro en los Presupuestos Generales del Estado, **desde el día primero del mes siguiente al de su cese y sin más requisito que el de haber jurado el cargo.***

2.- Las viudas, los huérfanos o, en su caso, los padres de los que hayan sido Ministros tendrán derecho desde el día primero del mes siguiente al de fallecimiento del causante a una pensión vitalicia del 25% del sueldo anual y pagas extraordinarias asignado o que se asigne al cargo en los Presupuestos Generales del Estado, si justifican su aptitud legal y ejercitan el derecho en la misma forma y condiciones exigidas a los demás pensionistas".

En 1979 se incorporó una limitación, en forma de incompatibilidad, que, fue transitoria. La Ley 42/1979, de 29 de diciembre, de Presupuestos Generales del Estado para 1980. Esta norma establecía que no podría reconocerse el derecho a la percepción de los haberes pasivos establecidos en el Texto Refundido de 1966 cuando el exministro percibiera remuneraciones de cualquier clase de las Administraciones públicas: Estado, Administración Local, Organismos autónomos o Empresas tuteladas o subvencionadas por el Estado.

Un año después, tuvo lugar un gran cambio, con la aprobación de la Ley 74/1980, de 29 de diciembre, de Presupuestos Generales del Estado para el ejercicio de 1981; esta norma estableció que, a partir de ese año, los Ministros, una vez cesados, únicamente tendrán derecho a percibir "una pensión indemnizatoria" durante un plazo igual al que hubieran desempeñado el cargo y hasta un máximo de 24 mensualidades.

Así pues, todos los Ministros cesados a partir del 1 de enero de 1981 tendrían derecho a cobrar un 80 % del total de las retribuciones asignadas al cargo, por un plazo igual al que hubiesen desempeñado su cargo y siempre con el límite máximo de 24 mensualidades.

En el caso de los Expresidentes del Gobierno de España no están sujetos a la limitación temporal de 24 mensualidades; según el aprobado Real Decreto 405/1992, de 24 de abril (SP/LEG/24292), por el que se regula el Estatuto de los Ex Presidentes del Gobierno, quienes hayan desempeñado el cargo de Presidente del Gobierno, al cesar en su cargo, tendrán derecho a la pensión indemnizatoria prevista en el art. 10, n° 5, norma primera, de la Ley 74/1980, de 29 de diciembre, de Presupuestos Generales del Estado para 1981. Sintetizando, tendrán derecho a esa pensión del 80% del total de retribuciones asignadas, pero sin limitación de plazo.

Independientemente, a los expresidentes se les conceden otras prerrogativas como, por ejemplo, la asignación de personal y de automóvil.

Y esto solo es la propina, pues es normal que al final de su etapa como políticos, salen por la llamada "Puerta giratoria" y pasan a "Miembro del Consejo de Administración de una gran empresa"

Un ejemplo claro podemos observarlo en la empresa INDRA, contratada a dedo para el recuentos de los votos de las últimas elecciones y donde fueron recolocados el exministro José Sebastián Gascon y el exdiputado Antonio Cuevas Delgado, ambos del PSOE.

Además, George Soros es accionista de INDRA, lo que da mas credibilidad a las "teorías de la conspiración" que apuntan que el recuento de cotos de las últimas elecciones fue manipulado y que Sánchez es un simple peón de Soros. Todo es posible, incluso que la mujer del Presidente, Begoña Gómez, sin tener ningún tipo de titulación univesitaria, sea **codirectora del Máster en captación de fondos para el tercer sector de la Universidad Complutense de Madrid**, también fue fichada por el **Instituto de Empresa (IE)** como directora de África Center de reciente creación y vinculado al mundo de las ONGs.

Como he indicado anteriormente, la política de partidos es un fracaso, los diferentes partidos se han convertido en instituciones en defensa de intereses particulares y detrimento del interés general lo que supone la incapacidad de articular una salida creíble a la crisis económica, institucional y moral en la que esta inmersa la sociedad española.

La política se ha convertido en una profesión con orientación ideológica, organizándose en grupos, partidos políticos, compitiendo entre si para conseguir y ejercer el poder con la escusa de alcanzar ciertos objetivos o resolver el choque entre los intereses enfrentados que se producen dentro de una sociedad.

Pero bajo mi punto de vista aquellos que ejercen la política hacen caso omiso a las diferentes definiciones y se convierten en adversarios, teniendo como única misión la derrota del contrincante y como todo vale en la

Política, utilizando cualquier medio para conseguir sus fines: vejaciones, insultos, injurias etc, etc,.

Ser político se ha convertido en una ciénaga de desertores de otras profesiones, donde por su mediocridad y su poca valía han tenido que refugiarse en una profesión donde solo cuenta su sumisión al jefe del partido. Y no es un juicio de valor gratuito, el propio Beningo Pendás de la Administración General del Estado, entre otras cosas, defendió, la necesidad de elevar las retribuciones de los políticos con el fin atraer "a los mejores" a la vida política, acotar el problema de las "revolving door" o puertas giratorias entre política y empresas privadas y, en general, combatir la corrupción.

Es evidente que el momento actual no es el más oportuno para debatir sobre lo relativamente altas que son las retribuciones de nuestros políticos en comparación con los de otros países.

Los datos del INE muestran que los **empleados públicos cobran un 40% más de media que en el**

sector privado, relación que se mantiene para todo tipo de trabajos.

Los ciudadanos españoles que trabajan en el sector privado han visto reducidas de forma muy significativa sus retribuciones salariales, los que tienen la suerte de conservarlas.

Pero además todos los españoles estamos soportando el incremento de la presión fiscal para financiar no solo el Estado del bienestar casi inexistente sino un importante gasto público estructural que parece imposible de recortar y que es generado por unas estructuras claramente sobredimensionadas tanto a nivel local, autonómico o estatal.

Es fácil comprender que resulte difícil de asumir una propuesta de subida de sueldos cuando si algo tenemos claro los ciudadanos es que nuestros políticos no han compartido los sacrificios económicos a los que han obligado el resto de los españoles estos años.

Es imprescindible abrir un debate en España, sobre los sueldos de los políticos.

Para ello hay que abordar con seriedad varios puntos:

Lo primero es definir que son "sueldos de los políticos". Porque no se trata solo de hablar de Ministros o diputados nacionales que pueden estar peor remunerados que sus homólogos de otros países.

Tenemos que hablar también de los sueldos de alcaldes y concejales de pueblos pequeños o de los Presidentes de las Diputaciones provinciales, con la posibilidad además de acumular varios sueldos, o de los Senadores o de la multitud de directivos de entidades públicas de todo tipo que cobran más que el Presidente del Gobierno sin que tengamos conocimiento real de cual es su función exactamente.

En la mayoría de los casos no es nada evidente que estas personas pudieran alcanzar un sueldo parecido en el sector privado a la vista de su formación y experiencia profesional. Al contrario, muchos tendrían muy difícil recolocarse fuera de la política no ya con retribuciones similares sino muy inferiores.

Por tanto, antes de iniciar este debate hay que realizar un ejercicio de transparencia para responder algunas cuestiones importantes. La primera sería **¿Cuál es el número de políticos que son necesarios para gestionar España?**.

Otras de las cuestiones a conocer es el monto total de las retribuciones, no limitarnos al sueldo base y a una serie de complementos establecidos legalmente. También tenemos que conocer sus variables, hay que mencionar una serie de "ventajas" con un claro componente retributivo de las que gozan muchos cargos, indemnizaciones por cese, dietas por alojamiento, pensiones, beneficios fiscales, compatibilidades, entre otras, por no referirnos a gastos de protocolo o los famosos coches oficiales. Sería más correcto manejar el concepto de "paquete retributivo", más amplio y preciso que el de sueldo o retribución.

El paquete retributivo está compuesto, como he dicho anteriormente por una retribución fija, una retribución variable y un conjunto de prestaciones o beneficios sociales, que abarcan un abanico amplio de posibilidades: aportaciones a planes de pensiones, coche oficial, ayudas a la vivienda, seguros médicos, comunicaciones móviles, equipamiento informático, iPads, etc..

Muchos de los componentes de ese paquete retributivo son opacos y presentan una enorme variedad. Se plantea, por tanto, la necesidad de regular y homogeneizar las retribuciones en especie o los beneficios sociales que perciben los altos cargos, especialmente los del sector público empresarial, ya que en la actualidad no se conoce cuáles son ni cuál es su coste para las arcas públicas.

¿Cuál es el tope salarial del sector público estatal? En el **Real Decreto 451/2012, de 5 de marzo,** que recoge el régimen retributivo de los máximos responsables y directivos del sector público empresarial y otras entidades, se establece que la retribución básica, que constituye la retribución mínima obligatoria, no podrá exceder de 105.000 euros brutos anuales. Sin embargo, el límite real es justo el doble de lo establecido en el real decreto.

Las preguntas que deberíamos hacernos son: **¿Con quien se consulto la retribución salarial de los políticos? ¿Es normal que sean los propios políticos los que marquen y aprueben sus retribuciones?** Aquí algo esta mal

Los complementos se establecen en diferentes órdenes del Ministerio de Hacienda y Administraciones Públicas según el tipo de organismo. De hecho, el tope real de retribución fija más variable en el sector público estatal es de 210.000 euros brutos anuales, retribución en especie o prestaciones sociales aparte, que no están reguladas ni se publican.

Solo cuando se realice una higiene en profundidad de la mal llamada democracia, esta, podrá sobre vivir, claro esta, ello implica que el Estado reduzca el gasto publico, implica un plan de educación de las masas para que no se conviertan en la base electoral de proyectos demagógicos que solo empobrecen mas y mas a España.

Los partidos españoles, no son canales de participación política. Un ciudadano con inquietudes, que no busque un cargo público sino un marco de discusión política de sus ideas e iniciativas y una canalización de su tiempo hacia actividades socialmente útiles, no tiene nada que hacer en una agrupación del PP, del PSOE, VOX o de CIU. En el diseño español, la única participación política que se espera de la ciudadanía es que acuda a las urnas cuando se convocan elecciones.

Este podría ser el motivo por el cual en las reuniones de dichas agrupaciones los militantes que asisten tienen un cargo público o han conseguido su puesto de trabajo gracias al partido.

Todos quieren, por supuesto, el poder y las prebendas que conlleva. Además, tienen un punto en común, la defensa del interés particular de la clase política contra el interés general y en la carencia de ideas para sacar a España del caos en el que está metida, a consecuencias de las acciones políticas. Por si esto fuera poco, se parecen también en que tienen un funcionamiento interno muy opaco y poco democrático que imposibilita el debate interno.

La única certeza que podemos tener es que, la **"Casta Política"** sigue viviendo de los Presupuestos del Estado, que es igual que decir, de los impuestos de los ciudadanos.

Los políticos llevan toda la vida con el tema de las pensiones y el salario mínimo, y nunca se ha llegado a un acuerdo. Los políticos se amparan en casos como estos para alargar y seguir sus cargos, lo que es normal.

¿Quien ha puesto el sueldo a los políticos? ¿Los políticos no entran en el salario mínimo?

Un ciudadano en el mejor de los casos necesitara como mínimo unos 25 años trabajando duro, para poder dar una entrada y conseguir una hipoteca, obstando así a una vivienda de unos 90 m2. Sin embargo, Pablo Iglesia ha necesitado menos de 5 años para conseguir una mansión de un precio desconocido. **¿es esto lo normal?** Y políticamente todo parece normal, debido al enorme sueldo que percibe, pero muchos ciudadanos opinamos que *"los políticos nos roban"* y nos roban de muchas formas, desde subvenciones a chiringuitos hasta el cobro abusivo de servicios necesarios para la vida.

¿Por qué existe tanta diferencia entre las dietas de un trabajador normal y las de un político?

Podremos saber realmente ¿Cuánto nos cuesta los Políticos?

Un selecto grupo que acumulan abultados patrimonios, representa la cúspide de la Casta política en la Pirámide del Gasto Político. Un simple repaso a la declaración de ingresos y bienes de los miembros del Congreso es suficiente para observar con asombro que con sus primeros sueldos adquieren varios pisos y deben fortunas a los bancos. Albert Rivera pasó de ser un empleado de La Caixa en 2006 a tener como vecino en Pozuelo a Cristiano Ronaldo. Y no olvidemos la compra del Chalet de Pablo Iglesias, el cual, según su declaración de renta, ha doblado su patrimonio al mismo tiempo que ha entrado en la élite mundial de mayor renta, ya que ha entrado en un nivel de ingresos anuales que le sitúa **entre el 1% más rico de España,**

La Pirámide del gasto público en España en 2019, creció 20.452 millones, un 4,08%, hasta un total de 521.949 millones de euros . Esta cifra supone que el gasto público en 2019 alcanzó el 41,9% del PIB.

El Gobierno de Pedro Sánchez, tiene un gasto de dos millones de euros mensuales solo en Ministros, lo que hay que multiplicar por cuatro en el caso de las Vice-presidencias y mientras tantos las arcas de la Seguridad Social en "banca rota" y como diría aquel "aquí no pasa nada", pues simplemente se pueden subir los impuestos a los ignorantes ciudadanos.

El Gobierno de Pedro Sánchez ha aumentado el Gasto del Estado hasta tal punto, que España cuenta con una deuda nacional incontrolada, que se hace imprescindible la subida de impuestos.

Pareciera que lo que está en juego no es el Estado del Bienestar propiamente dicho, sino el estado del bienestar de los partidos políticos.

Nuestra debilidad es la fuerza con la que cuentan los políticos que parecen haber olvidado que la unión de los ciudadanos es la debilidad de los políticos

Con una España hundida, social y económicamente, con una tasa de pobreza del 26,1%, más de la mitad de la población española viviendo al límite de sus posibilidades (55,3) y algo más de una cuarta parte del total (27,1%) **llegando a fin de mes con muchas dificultades**, el todo poderoso gobierno de Sánchez aprobó un plan por valor de 1.700 millones de euros para ayudar a los países en situación más vulnerable frente a la pandemia del coronavirus.

Independientemente el Gobierno también aprobó un primer paquete de ayudas de la Agencia Española de Cooperación Internacional para el Desarrollo (AECID) a organismos, programas y fondos internacionales por valor de 32,6 millones.

Destaca la aportación de 9 millones a la Oficina de Coordinación de Asuntos Humanitarios de la ONU (OCHA); de 5 millones para el Fondo de Naciones Unidas para la Infancia (Unicef); de 2,8 para el Programa de Naciones Unidas para la Agricultura y la Alimentación (FAO); 2,6 para la Agencia de ONU para los Refugiados (ACNUR): o de 2,3 para la Organización Mundial de la Salud (OMS). Estas ayudas se suman a los 12 millones ya aportados en fondos de emergencia para lucha global contra la pandemia a través de Cruz Roja y otras ONG.

Todo un despilfarro del dinero de los ciudadanos mientras estos se mueren de hambre. Un descarado robo al bolsillo de los españoles.

Y seguimos sumando, en un apartado no menos importante. Anualmente la **inmigración ilegal deja en España por internamiento y repatriación** de quienes son retenidos al entrar ilegalmente, una factura de mas de 20 millones de euros.

A este coste ha de añadirse aquellos relativos a **manutención, atención sanitaria y cuidados que reciben en los Centros de Internamiento de Extranjeros (CIE)**, en los que son alojados.

Si a estos gastos sumamos **una ayuda media de 630 euros** en 2019, a lo que habría que sumarle el gasto medio de **2.446 euros al año en sanidad**, la cifra alcanza los, **737.270 euros** anuales.

Si además estos inmigrante decidiese trabajar sin cotizar a la Seguridad Social, algo que sucede habitualmente, la cantidad se multiplicaría. **¿Sean parado a pensar cómo con este nivel de gasto se puede llegar a pensar que podrían pagar las pensiones de las generaciones futuras?**.

Y esto no son opiniones, son las conclusiones a la que llego el estudio realizado por la Universidad Pontificia de Comillas y la fundación de estudios sociológicos de Cáritas *"Un arraigo sobre el alambre"*: *A pesar del fuerte arraigo desarrollado por los cerca de 8 millones de personas migrantes en España, su integración es muy débil, debido principalmente a que ocupan los empleos más precarios y peor remunerados.*

"En épocas de máxima incertidumbre como la que vivimos en la actualidad conviene buscar anclas que nos impidan ir a la deriva . "Anclas como la Declaración de Derechos Humanos que en su Artículo 13 dice que toda persona tiene derecho a circular libremente y a elegir su residencia en el territorio de un Estado, y a salir de cualquier país, incluso el propio, y a regresar a su país".

Debemos entender la Declaración de Derechos Humanos, como solo un texto, el cual necesariamente debe ajustarse a las condiciones económicas de cada país. Desde la crisis de 2008 hasta la actualidad, la población de origen extranjero no solo ha permanecido estable, sino que hay crecido en alrededor de un millón de habitantes.

En cuanto a los rasgos principales de la población inmigrantes, el investigador destaca el origen marroquí y latinoamericano, aunque en nuestro país hay ya más de 50 comunidades diferentes con más de 10.000 personas cada una.

El proceso de integración económica y laboral no ha sido tan positivo, por el contrario, estaban, y continúan estando, segregados y sobrerrepresentados en la parte baja de la estructura social, en los trabajos elementales, con un 79% de ocupaciones obreras y ocupando casi el 60% de los trabajadores elementales.

Su estatuto laboral está fuertemente precarizado, solo el 27% de la población de origen extranjero tiene un contrato indefinido a tiempo completo, con índices de desempleo y temporalidad mayores que la media de los españoles", por no hablar de sus salarios, que de media llegan a los 926 euros, por debajo del SMI y, claramente inferior al salario medio".

La consecuencia es que se encuentran entre los sectores de población con ingresos bajos y fuerte incidencia de la pobreza.

Esta es la realidad, en España, un país que no puede ofrecer ayuda a sus propios ciudadanos, que día tras día pierden poder adquisitivo, y que se encuentran con la competencia de los emigrantes que ofrecen sus servicios por un bajo precio y sin prestaciones sociales. Lo que aumenta el carácter de esclavitud de los trabajadores.

Todo ello produce irremediablemente, que cada vez haya más trabajadores y trabajadoras que sufren durante largo tiempo el paro, la economía sumergida, las malas condiciones de trabajo, la deslocalización, la dificultad de acceder al mercado laboral, la escasez de trabajo, las actividades marginales. Situaciones agravadas por la crisis económica y moral que vivimos.

Esta situación abre un camino peligroso a las personas y las lleva a tener importantes problemas al tiempo que las aíslan, las distancia y de la as excluye socialmente. La marginación que sufren se manifiesta también en el deterioro de sus condiciones de vida. Muchas de ellas habitan en barrios obreros carentes de infraestructuras, de espacios de ocio y de servicios públicos y con una alta concentración de familias excluidas socialmente.

Ante esta situación tan compleja en la que vivimos durante estos años los ciudadanos tenemos la obligación prioritaria, desarrollar una Acción Comunitaria en el *deterioro de las condiciones de vida en los barrios obreros de exclusión social, de pobreza-marginación y paro.*

La seudodemocracia española se ha degradado tanto que cuestiones como, qué hacer con los millones de parados, cómo mejorar la enseñanza, cómo acabar con la corrupción o qué hay que hacer para salir de la crisis acaban siendo irrelevantes porque los principales partidos españoles no tienen propuestas sobre cómo resolver estos problemas. Los programas electorales son meras propuestas que jamás se cumplen.

En la práctica los partidos del Estado tienen la puerta abierta a la autorregulación, lo que lleva a la falta de transparencia y de democracia interna. A grandes rasgos, la situación actual es la siguiente.

La soberanía popular, para los partidos del Estado, es un viejo cuento, no es solo el ciudadano de a pie el que no puede debatir sus iniciativas, tampoco pueden hacerlo los militantes. Los órganos de dirección están muy atentos en abortar cualquier iniciativa transversal que suponga contactos directos de unas agrupaciones con otras.

La ausencia de debate caracteriza también a los órganos directivos de los partidos. Podríamos preguntarnos **¿cuántas veces ha debatido la Junta Directiva del PP el *caso Bárcenas*?**, que se conozca, ni una sola vez. Tampoco parece que sea costumbre de los partidos, presentar las cuentas anuales a sus máximos órganos de dirección. Consecuentemente, al no haber debate tampoco hay mecanismos de rendición de cuentas ni de petición de responsabilidades. El poder de las cúpulas directivas es omnímodo porque es casi imposible derribarlas y de su voluntad dependen las carreras de los que militan en los partidos.

Con el tiempo, a base de cubrir las vacantes de forma reiterada, se ha consolidado en España una "casta política", de individuos que deben su cargo o su empleo al favor político. Esta casta abarca desde los conserjes hasta las más altas magistraturas colegiadas del Estado, pasando por los miles y miles de empleados públicos de la Administración central, nombrados inicialmente a dedo y consolidados con posterioridad mediante discutibles procesos de *funcionarización*, por no hablar de la infinidad de "chiringuitos" y semi-organismos que se han creado con la finalidad de pagar nóminas y repartir dietas.

Unas 300.000 personas sería una estimación prudente del tamaño de un colectivo de características típicas del caciquismo. El interés particular de esta clase política consiste en perpetuarse en su actual estado, manteniendo la jerarquía con la que accede a las arcas públicas y a la extracción de rentas del sector privado de la economía. De este modo se configura una élite extractiva que, como todas ellas, resiste ferozmente a todo cambio que pueda acabar afectando al statu quo, aunque sea de manera indirecta.

Se pierde el tiempo y el dinero en disputas sobre acontecimientos que sucedieron hace 30 años, manteniendo vivos hechos que no aportan nada a una sociedad que necesita soluciones no enfrentamientos ideológicos.

Razón suficiente, por la que los políticos españoles carecen de la capacidad de articular respuestas viables a la crisis, para las que se requieren reformas profundas que afectan a su interés particular. Estas reformas requieren profesionales con capacidad de trabajo y visión del futuro, saber gestionar y dirigir a la sociedad hacia ese futuro, algo totalmente desconocido a nuestro sistema de partidos políticos: un sistema muy eficaz ha sido diseñado con el objetivo de conseguir la estabilidad a toda costa, aunque el precio que se ha pagado en términos de corrupción, ineficiencia y desmoralización de la sociedad haya sido muy alto. Es vital y urgente para España, un cambio, no la estabilidad. El diseño actual es una anomalía que obstaculiza la salida de la crisis

Los partidos son entidades especiales que tienen el monopolio de la representación política y que se financian principalmente con fondos públicos. Se necesita un cambio donde los partidos estén regulados por ley, sin que puedan autorregularse.

Todo ello ha supuesto la desvalorización de la política a favor de la instrumentalización de las ideologías para servir a intereses partidistas producen el paso de la democracia de partidos al Estado de partidos en sentido negativo. Lo cual puede convertirse en un antagonismo radical, irreductible mediante las reglas de juego democrático constitucionales, que ya no se respetan por los partidos totalitarios que han aparecido en escena y que se disponen a tomar el poder por la fuerza o hacen uso de la misma una vez instalados en el mismo, y todo ello es la antesala del Estado totalitario, a veces precedida de la guerra civil.

Lamentablemente este cambio es prácticamente imposible. La única forma posible es la movilización de la sociedad civil, que ha de tomar el protagonismo y exigir los cambios necesarios. Una Sociedad civil armada con armas como la democracia y la constitución y como munición, derechos humanos, solidaridad e igualdad de posibilidades, exigiendo un reparto justo nuestros impuestos, que haga posible una vida digna para nuestros jubilados y para todos aquellos ciudadanos con necesidades profundas.

La España de hoy, no puede hacerse cargo de emigrantes ilegales, no puede regalar miles de millones a otros países necesitados, no puede regalar cientos de millones a ayudas a Fundaciones multimillonarias, no puede regalar dinero a asociaciones y ONG y no puede aguantar un gasto público de 17 pequeños estados como son las Autonomías y no puede hacer frente a las grandiosas nóminas de los políticos. De no ser así, el futuro se presenta con negros nubarrones, que presagian inundación.

La llamada democracia en España puede desaparecer, pues la mezcla de promesas y demagogias faltando a la verdad acaban con ella y desgraciadamente, en la actualidad presenta los síntomas claros:

- La ceguera de los ciudadanos y su falta de formación
- La facilidad de manipulación de las masas, manipulación que se lleva acabo con la simple promesas de los políticos, que prometen algo que es imposible. O lo que es lo mismo nos manipulan con la mentira.

- La intervención del Estado en la vida de los Ciudadanos.

España, ha entrado por la puerta de una de las mayores crisis económicas y sociales que se hayan conocido.

El primer efecto visible han sido las cifras del paro. España batió todos los récords con los datos del mes de marzo de 2020, el peor mes de la historia en crecimiento del desempleo. Ahora bien, este preocupante dato no es un hecho aislado, sino una primera toma de temperatura de un problema que irá a más.

Como dijo Adam Smith, en *La Riqueza de las Naciones*: *la riqueza de un país radica en el trabajo de sus habitantes, no en otra cosa.*

Lo que quiere decir que, con **el aumento del paro, la riqueza de un país se resiente, al mismo tiempo que la recaudación fiscal.** Y de estas circunstancias viene la subida de impuestos

El fracaso al que tristemente estamos asistiendo no es al fracaso de la política. Es el fracaso de nuestros políticos instalados en la mentira como costumbre.

Hoy es prioritaria en España, una opción política constitucional, centrada y moderada, con posiciones para unir no para dividir y que persiguen la igualdad entre españoles en vez de privilegios de unos sobre otros.

Los españoles contamos con una política inútil, que no deja avanzar a la sociedad y que no resuelve problemas reales de los ciudadanos

En España, la convivencia y concordia están en peligro, como ya ocurre en otros lugares del mundo.

La inseguridad de las clases medias trabajadoras es evidente. El cambio tecnológico, la globalización y la crisis económica, que no termina de resolverse, ponen en jaque los cimientos sociales sobre los que los que habíamos construido nuestras vidas.

Otros de los grandes problemas con los que se encuentra España, es la **despoblación,** "la llamada España vaciada". La política española, desde hace décadas, ha condenando a determinados territorios españoles al abandono social y económico. Varias provincias españolas tienen una densidad de población inferior a 7 habitantes por kilómetro cuadrado.

Hay que combatir la despoblación, para no dejar a nadie atrás y que todo el mundo tenga las mismas oportunidades viva donde viva.

Debemos frenar la despoblación garantizando la oferta de servicios básicos de salud, educación o sanidad, ofreciendo buenas conexiones e incentivos fiscales para fomentar el emprendimiento, la implantación industrial y la generación de empleo.

La agricultura, la ganadería y la pesca, junto con otras actividades como la apicultura y la caza, son pilares básicos que sostienen las zonas rurales, para afrontar los retos futuros son claves las políticas de modernización y el aumento de la competitividad del sector agroalimentario español, la garantía del relevo generacional y su defensa en el escenario internacional.

Necesitamos una política que abogue por:

- **Defensa de los derechos y libertades individuales.**
- **Combatir la desigualdad.**
- **Fortalecer el estado de bienestar:**
- **Regeneración democrática y lucha contra la corrupción.**
- **Una economía de mercado donde los poderes públicos garanticen la libre competencia.**
- **Un futuro sostenible y lleno de oportunidades.**

Con la crisis sanitaria del Covid-19, ha llegado la realidad para mostrarnos en todo su esplendor la ineptitud de los políticos que nos han gobernado y nos gobiernan.

Políticos que no han pegado un palo al agua en su vida ocupan puestos por los que les pagamos más de 10.000

euros al mes, es un inútil con carnet, que necesita 5 asesores como mínimo. Este es uno de los principales problema que hay en España, la ocupación de los puestos políticos con poder, por una legión de ineptos con carnet, que en la vida hubieran pasado de la mediocridad laboral por sus propios méritos. Y cuando hay que abordar un problema como el que tenemos, *"no tiene ni puta idea"* de como resolverlo.

Ese es el auténtico problema que tenemos en España, la infinita corrupción de la administración pública, de la gestión de los servicios públicos, de la utilización del poder.

Nos ha mostrado la descomunal manipulación de la opinión pública realizada por los medios de comunicación dependientes, tanto los públicos como los privados.

Los ciudadanos debemos exigir todo lo contrario de lo que se ha estado haciendo hasta el momento; la eliminación de todo lo superfluo e innecesario, y todas las organizaciones e Instituciones que han sido creadas por el gobierno para mantener a sus afines en los lugares que no les corresponden. En definitiva, acabar con la corrupción del poder y poner cada cosas en su sitio.

En pocas palabras, una erradicación de todos los que son prescindibles en sus tareas y están parasitando los recursos públicos.

La extinción de todos los partidos políticos y organismos públicos que de forma sectaria han ocupado las instituciones, llevándose mucho más de lo que aportan. Recuperar la igualdad real, la justicia real, la política real, y sociedad real.

Si los ciudadanos no conseguimos imponernos en esta ocasión a los que nos expolian, entonces viviremos en un mundo mucho peor, con más violencia, incultura, depravación y corrupción. Así que todos decidimos en un referéndum que no se va a celebrar más que en nuestras conciencias, o participamos en la tarea común de desparasitación o estamos perdidos.

Los ciudadanos debemos establecer un Gobierno fuerte, eficiente y responsable, un Gobierno que sea consciente de que hereda un país en déficit galopante, con una gran deuda, con seis millones de parados; y también el cabreo de los españoles con la política, con la economía, con la propia supervivencia, el conflicto económico con las autonomías, el déficit comercial, el empobrecimiento en más de un 20% en la riqueza de los españoles, y la quiebra próxima del sistema de pensiones.

No podemos seguir con un gobierno, que hunda aun mas nuestro país, con promesas que no pueden cumplir, o empeñando a los ciudadanos con créditos de la Unión Europea, para que los políticos sin escrúpulos, que no saben vivir sin el poder, sigan cobrando mientras los ciudadanos pagan las consecuencias de una gestión indecente e irresponsable. Y digo los ciudadanos, porque el pago de la deuda descansa, a su vez, en la recaudación fiscal.

Para seguir confundiendo, aun mas, a los ciudadanos, el Gobierno nos presenta lo que llama "'V asimétrica". Para que todos los ciudadanos puedan entenderlo: Los españoles tendremos que acostumbrarnos a vivir con **menos dinero y más desempleo** porque la recuperación va para largo.

Lo realmente preocupante es que **el Gobierno ha reconocido que no sabe cuándo podremos recuperar lo perdido** en esta crisis. Lo perdido, claro esta, por los trabajadores, los autónomos y las empresas, porque ellos, no han perdido nada, solo la vergüenza, si es que la tuvieron alguna vez.

Los números, presentados por el Gobierno, no cuadran y rompen el discurso social del Gobierno. La Autoridad Independiente de Responsabilidad Fiscal (AIReF) **"no descarta escenarios más adversos"**.

Si medimos la riqueza **en términos de empleo el escenario es aun mas doloroso**. España cerró 2019 con una tasa de paro del 14,1% y este año lo hará con una tasa de paro del 19%. Pero lo más preocupante es que esa tasa de paro será en 2021 del 17,2%.

Lo mas preocupante es que el próximo año **el PIB volverá a crecer a mayor velocidad que el empleo.** El Producto Interior Bruto pasa de una pérdida del 9,2% en 2019 a un avance del 6,8% en 2020.

El Gobierno ha presentado los datos de la otra cara de la moneda. Con la recaudación hundida, el Estado ingresará 25.700 millones de euros menos, **el déficit se disparará al 10,34%** de golpe .

La deuda se disparará del 95,5% del 2019 al 115.5% en 2020. Es decir, **la destrucción de la riqueza vendrá la factura de la reconstrucción**. Y para financiarla el Gobierno recurrirá a aprobar nuevos impuestos para recaudar más.

La situación económica podría ser aún más grave de lo anunciado, si se cumple el peor de los escenarios de las previsiones del Banco de España.

Pero como dice el refrán andaluz *"Una vez de perdio al Rio"* y pese a la tan comentada y reconocida crisis social y economica en España, el alto índice de paro, el aumento de la pobreza y desigualdad social, el Gobierno de **Pedro Sánchez y Pablo Iglesias**, aprobó un real decreto para subir el **sueldo de los trabajadores públicos un 2%** en 2020, un beneficio que abstendrán los más de 2,5 millones de empleados públicos en toda España.

Tengamos en cuenta que, según el último estudio del INE sobre los salarios en España, los trabajadores del sector público ganan de media ya 882 euros, aproximadamente, más al mes que los trabajadores del sector privado. Esto implica al año que los funcionarios ganan de media **10.584 euros más que sus colegas de la empresa privada.**

Quien también se frotan las manos por la subida salarial a los funcionarios son, como no, Pedro Sánchez y Pablo Iglesias. Junto al resto de altos cargos del Gobierno, los líderes de PSOE y Podemos también van a engordar sus bolsillos con el incremento de sueldos.

Así, el sueldo del presidente del Gobierno, Pedro Sánchez, pasará de 82.978 euros al año a **84.845 euros**, lo que supone una subida de 1.800 euros más. En el segundo puesto de la tabla, están **Pablo Iglesias y las otras tres vicepresidentas del Ejecutivo**, que pasarán a cobrar 79.746 euros anuales frente a los 77.991 euros que se embolsaba Carmen Calvo, hasta ahora, la única vicepresidenta que había. Además, todos los ministros de Sánchez e Iglesias pasarán de los 73.211 euros a los 74.858 euros al año.

Otra de las medidas que planea el Gobierno de Sánchez e Iglesias para este año y que beneficiará directamente a los diputados de la formación morada es la subida del Salario Mínimo (SMI) a 1.000 euros. Desde Podemos exigen este salario obligatorio por "una cuestión de dignidad y de justicia social", pero como sus sueldos **están ligados al Salario Mínimo**, sus miembros van a ser los primeros beneficiados.

Así, con la subida de 2020, resulta que, en el curso de cuatro años, desde 2016, **el sueldo de los cargos públicos de Podemos se disparará casi un 53%**. Esta subida está muy lejos de la inflación, de la mejora de las pensiones o del incremento de salarios en nuestro país.

El código ético del partido impone a sus cargos electos un **límite salarial de tres veces el SMI**, con algunas excepciones como la de tener hijos a cargo, que permite un aumento de 0,5 veces el SMI por hijo, de lo que también se han beneficiado Iglesias y Montero.

España se hunde, por la errónea elección de políticas que solo pueden aparecer en sueños, por políticos visionarios que solo aportan ideas de imposible realización. Ideas que provienen de mezclas imposibles como:

Democracia: La igualdad y los derechos.
Comunismo: Mas impuestos a los empresarios.
Capitalismo: Sueldos extremos a los políticos

España necesita gestores que aporten propuestas reales, que se comprometan con ellas, hasta el punto de dejar su puesto, en el caso de no ser cumplidas. *Como los entrenadores de Futbol.*

No necesitamos títeres formados en prestigiosas Escuelas de Política, estamos cansados de cargos políticos que llevan décadas utilizando el coche oficial y pisando moqueta, aficionados a su alto *"paquete retributivo"* que, hasta el momento, solo han demostrado, su escasa valía.

Necesitamos "políticos" no activistas, *amateurs* de la política.

Somos los ciudadanos los que votamos a los políticos, les pagamos, les alzamos a los puestos de poder, y están desde hace años con el libre albedrío, de hacer lo que les parece, sea bueno o malo.

Mientras, los que hemos hecho posible su posición política protestamos en cafeterías, en casa, con amigos y ahí se queda.

Lo que queremos muchos españoles, es tener la posibilidad de echarlos cuando no cumplen sus Programas, y para ello, tenemos que crear esa posibilidad, que hoy por hoy no tenemos.

Necesitamos una verdadera representación ciudadana, Órgano de Gobierno que exija como representante de los ciudadanos que se cumplan o que se vayan.

La manifiesta falta de respeto hacia los ciudadanos es muy grande, nos manejan como marionetas y han hecho Leyes, Reales Decretos, Decretos Ley, Disposiciones con rango de ley... para su beneficio propio desde hace décadas, o para el beneficio de entes, corporaciones, fundaciones... que también les interesan.

Estamos ante una situación crítica en la que independientemente de la solución final, vamos a estar hipotecados durante muchos años. El problema no es solo la situación económica de España, sino que el tipo de interés al que se financia España, es superior al de otros países de la zona euro, hace que nuestra capacidad de crecimiento con respecto a Alemania, Francia o Suiza, entre otros, se vea mermada y la capacidad de inversión del gobierno ya sea en Educación, Sanidad, Infraestructuras o Empleo no sea la deseada.

La ecuación es simple, ingresos menos gastos. Si es positivo tiene beneficios y si es negativo tiene pérdidas. Si España fuera una empresa tendríamos números rojos desde el año 2008 y una **deuda pública** en **España** que ha crecido en el segundo trimestre de 2020 en 66.088 millones de euros y se sitúa en 1.290.657 millones. Esta cifra supone que la **deuda** alcanzó el 110,1% del PIB en **España**, mientras que, en el trimestre anterior, primer trimestre de 2020, fue del 99%.

En España hay una partida que está claramente sobredimensionada y es la política. Paradójicamente son ellos mismos los que deben tomar la decisión de reducir el número por lo que podemos imaginarnos lo complicado de la situación.

Y volvemos al casi secreto de Estado, que los ciudadanos españoles deberíamos conocer y poner los medios necesarios para el control del numero de políticos necesarios. Como he mencionado anteriormente, algunas informaciones, desde el 2011, sitúan en 300.000 políticos la diferencia entre el número de políticos en España y

Alemania, con una agravante, que la población española es el 58% de la alemana.

Si las informaciones son ciertas, y así parece ser **España podría funcionar con 300.000 políticos menos**.

Existen 67.121 concejales y alcaldes en toda España. A esta cifra debemos añadir los que forman parte de los diversos parlamentos comunitarios, los políticos de nivel medio y aquellos que están en el Congreso y en el Senado. En total podemos decir que, en toda España hay 393.473 personas que se dedican a la política.

Esto no significa que todos ellos vivan de la política, pero sí que tienen un cargo relacionado con ella. La pregunta no es si hay demasiados políticos. Si existen tantos es que la ley 7/1985, de 2 de abril, Reguladora de las Bases de Régimen Local, lo permite. La pregunta que debemos formularnos es: **¿son necesarios?**

En definitiva, hay un gran desconocimiento de estos llamados *"servidores públicos"*.

¿Hay muchos políticos en España? En la opinión de millones de españoles, si, pero depende del trabajo que hagan. Y si existe un gran desconocimiento significa dos cosas: o que no son necesarios o que no hacen bien su trabajo.

Lo importante para muchos de ellos es la segunda fila. Los técnicos a nivel municipal, los secretarios de estado y directores generales a nivel general. Estos son los que realmente llevan las riendas del día a día del país. Estos personajes no hacen política.

El cometido de estos, se limita a siguen las directrices del político, porque es este el que debe explicar a su equipo qué quiere y cómo lo quiere. El problema es que muchos de ellos no saben ni por donde empezar. Con lo cual el técnico, secretario de estado, director general... le dice: "*no te preocupes.*

En toda España hay 8.131 alcaldes. Muchos de ellos no necesitan a los concejales. Debemos saber, que el alcalde tiene la potestad de ceder o no competencias. Con lo cual un alcalde siempre se rodea de concejales y estos, a su vez, delegan en los técnicos. Siendo, así las cosas, tal vez sería bueno que el alcalde delegara en los técnicos y nos saltáramos una escala intermedia. Quizás, no en todos los sitios, pero si en un número importante de municipios.

Es una de las formas con la que podríamos ir escalando posiciones y reduciendo el personal innecesario.

La mayoría están para calentar la silla y cobrar a final de mes. Porque eso sí, por muy incompetentes que sea, el sueldo lo cobran.

Todo apunta a que en España hay demasiados políticos. Con lo cual es lógico que muchos ciudadanos se hagan esta pregunta. Y lo peor no es hacérsela, sino la respuesta.

A un inepto con carnet, le dan un cargo político, y automáticamente cambia su indumentaria, que para eso paga el pueblo, y son este tipo de políticos los que nos están dejando; **sin dinero y sin España**

Una vez aposentado **el inepto** en el cargo político, aprende en menos que canta un gallo y la perfección, los principios básicos de la llamada "ingeniería política" para robarnos, crujirnos y malgastar el dinero público. Un dinero, que dicen, no es de nadie.

No nos damos cuenta, pero los españoles, debemos considerarnos desahuciado, nos estamos quedando sin España, pero lo más grave es nuestros hijos y nietos tendrán que pagar la deuda de España.

La desafección hacia el sistema político ha crecido exponencialmente debido sobre todo al malestar suscitado tanto por la gestión de la crisis económica e institucional como por la reiteración de distintos episodios de corrupción pública. Sin duda, ello ha intensificado la crisis de la representación, tan antigua como la representación misma, y exacerbado la crítica a la actuación que ejercen hoy en día los partidos políticos.

No en vano, estas disfunciones observadas traen causa no sólo de la mayor o menor táctica a la hora de gestionar los intereses públicos sino también de razones más estructurales como el hecho de que la débil institucionalización de mecanismos de participación democrática ha dado pie a que el Estado de partidos exhiba un funcionamiento extremadamente opaco y de signo oligárquico que, a su vez, es fuente de todo tipo de excesos, entre ellos la corrupción o la "colonización" de la mayoría de instituciones.

Cuando la casta política, las clases gobernantes, protegen las normas existentes por la fuerza del Poder del Estado, se hace inevitable el movimiento de la sociedad civil dividida en clases antagónicas, suprimir toda explotación del hombre por el hombre.

Aceptamos por hastío el dogma político imperante. La opinión publica ha desaparecido, solo queda la opinión de los medios de comunicación al servicio del poder. Para que se sostenga la mentira publica y la corrupción política sea normalizada, es necesario que los ciudadanos dejen de pensar acorde a la realidad

Una sociedad tolerante termina siendo dominada Se tolera lo que se domina y respeta lo que se teme.

Tanto la desigualdad social como la pobreza, tienen consecuencias muy concretas y contrarias al desarrollo de los países. El aumento **de la pobreza, aumenta el resentimiento y la necesidad de las revoluciones** o de los conflictos violentos son apenas algunas de ellas, es un sentimiento continuo y creciente de malestar al hallarse estancado en estratos sociales inamovibles lo que conduce a un estado de estrés depresivo o a la rabia en las colectividades oprimidas.

La pobreza, no es una ley de la naturaleza, es la fuente de numerosas dificultades difícilmente combatibles: riesgo de salud, incremento del crimen, el odio de clases, el deterioro de la política, entre otros.

La mala noticia es que, en los países de todo el mundo, la brecha entre los ricos y los pobres se está ampliando.

Cuando la mayoría de los ciudadanos viven la desigualdad, la falta de empleo, la exclusión social, la pobreza, puede que sea el momento de reinventarse e iniciar una revolución personal. Las revoluciones son el resultado necesario, sujeto a leyes, del desarrollo de la sociedad clásica. Las revoluciones culminan un determinado proceso de la evolución de los elementos del nuevo régimen social, quizás no nuevos, pero si reclamados por el pueblo

La revolución constituye la forma superior de la lucha de clases y en estas épocas se denotan siempre la enorme aceleración del desarrollo social. Y cuando digo revolución social, no me refiero a la forma Marsista-Lenilista. Existen diferentes formas de concebir el concepto "revolución", una particularmente útil fue la usada por Henry Kissinger en un mundo restaurado: una situación en la que las antiguas reglas de juego han dejado de estar vigentes.

Hoy, nuestro mundo está necesitando revoluciones de naturaleza socio-política. No se trata de frenar un régimen que gobierna sin restricciones, olvidando e ignorando abiertamente los derechos políticos de los ciudadanos, sino de reformar un sistema en que la representación no está operando.

La revolución social constituye la etapa más importante en el desarrollo social, una transformación básica en la vida de la sociedad y del Estado, cuando se derroca un régimen social caduco y se afianza un nuevo régimen social progresivo.

Por el momento han conseguido que el miedo nos inmovilice, pero el hambre nos hará avanzar

A lo largo de estas páginas, he generalizado en su totalidad, en cuanto a políticos y ciudadanos, pues me consta que al igual que existen políticos honestos y comprometidos con el País, también existen ciudadanos con una alta cultura y preocupados por la situación por la que pasa la España a la que aman. Solo puedo decir **"Sálvese quien pueda"**.

Desterremos el modelo de política, donde no hay que tener, conciencia, ni escrúpulos, ni conocimientos, ni honradez, ni principios, basta con tener "votos"

"Se puede engañar a parte del pueblo parte del tiempo, pero no se puede engañar a todo el pueblo todo el tiempo". **Abraham Lincoln**

Ph.D. Fran T. Ruiz